DIE REIHE
Archivbilder

WILMERSDORF

Einzigartiger Blick in die Vergangenheit: die neue Wilmersdorfer Kirche an der Wilhelmsaue, Architekt Max Spitta, 1895/97, und daneben die kleine alte Dorfkirche von 1772, gegen Protest der Gemeinde alsbald abgerissen.

DIE REIHE
Archivbilder

WILMERSDORF

Udo Christoffel

SUTTON
VERLAG

Sutton Verlag GmbH
Hochheimer Straße 59
99094 Erfurt
www.suttonverlag.de

Copyright © Sutton Verlag, 1998

ISBN: 978-3-89702-049-8

Druck: Books on Demand GmbH, Norderstedt, Deutschland

Büdner (Kleinbauer) Albert Schramm, geboren 1866 zu Deutsch-Wilmersdorf und gestorben 1926 zu Wilmersdorf von Berlin, auf seinem Hof in der Berliner Straße 120 inmitten einer rasch wachsenden Großstadt (um 1920).

Inhaltsverzeichnis

Fotonachweis

Archiv für Kunst und Geschichte Berlin: S. 118
Deutsches Technikmuseum: S. 44 (u), S. 48 (u), S. 117 (u)
Hartmann: S. 44 (o), S. 48 (o)
Heimatverein für den Bezirk Wilmersdorf: S. 17 (o), S. 126 (o)
Landesbildstelle Berlin: S. 22 (o), S. 25 (o), S. 41 (o), S. 45, S. 72, S. 78 (u), S. 81 (o)
Richard Leonhardy: S. 28
Wolfgang A. Leonhardy: S. 46 (o)
Rammrath: S. 96
Sächsische Landesbibliothek: S. 30 (u), S. 122 (o)
Alle anderen: Wilmersdorf Archiv

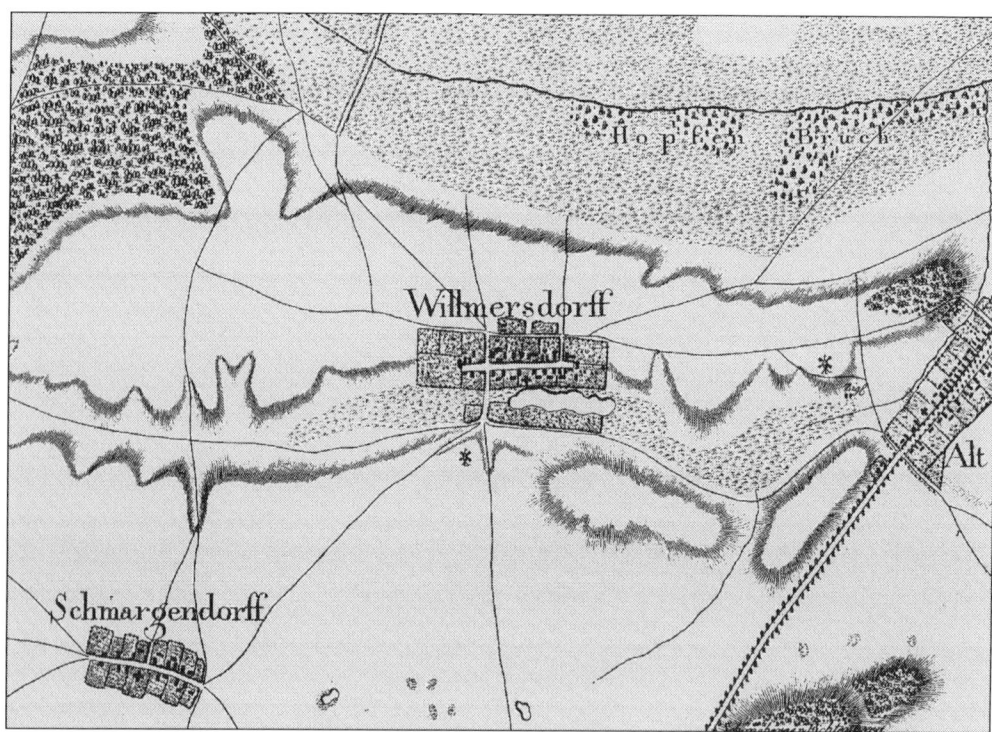

Ausschnitt aus einer Manöverkarte von 1850: die Angerdörfer Wilmersdorf und Schmargendorf und rechts am Rand Schöneberg mit dem alten Botanischen Garten. Am Südrand von Wilmersdorf ist deutlich der See zu erkennen und seine verlandenden Teile, das Fenn. Nördlich der „Hopfenbruch", links oben ein Teil des Grunewalds, ehemals Spandauer Forst genannt und von Spandau aus verwaltet.

Einleitung

Der Stadtbezirk Wilmersdorf von Berlin, heute eine Großstadt von etwa 150.000 Einwohnern, war einst ein kleines Angerdorf, das lange Zeit zur Hälfte, später ganz vom kurfürstlichen Amt Mühlenhof in Berlin verwaltet wurde. Das nahe gelegene Schmargendorf, in dem nur der Dorfschulze den Dreißigjährigen Krieg überlebt hatte, war bis ins 19. Jahrhundert in privatem Besitz. Mit den Stein-Hardenbergschen Reformen kam für die Bauern die „Separation", das heißt sie wurden Eigentümer der Häuser und Äcker, über die sie nach gewissen Abschlagzahlungen frei verfügen konnten. Diese Separation zog sich mit gerichtlichen Auseinandersetzungen bis 1856 hin. Das nahe Berlin hatte als rasch wachsende Industriestadt großen Bedarf an Bauland, das den Bauherren und Grundstücksspekulanten von den Bauern verkauft wurde, die nun zu „Millionenbauern" wurden, freilich das rasch erworbene Kapital nicht zu mehren wußten. Die Einwohnerzahl Wilmersdorfs stieg von 4.000 im Jahre 1886 auf ca. 30.000 1900. 1906 wurde Wilmersdorf eine selbständige Stadt mit nun schon über 70.000 Einwohnern. Bei der Gründung von Groß-Berlin 1920, als Wilmersdorf Stadtbezirk von Berlin wird und seine Selbständigkeit verliert, sind es dann fast 140.000, dazu kommen über 11.000 Schmargendorfer und mehr als 6.000 Bewohner der Ende des 19. Jahrhunderts neu gegründeten Kolonie Grunewald. Die Stadt Wilmersdorf sah sich vor dem Ersten Weltkrieg als besseren Wohnbezirk; es wurden teils recht gediegene und gut ausgestattete Häuser errichtet, die noch heute von Wohnungssuchenden favorisiert werden. Industrieansiedlungen suchte man zu vermeiden. So bietet auch das heutige Wilmersdorf das Bild einer Wohnstadt mit ausgedehnten Villenvierteln im Grunewald und nur wenig Industrie- und Gewerbeflächen. Der alte Dorfkern ist mit der Wilhelmsaue bis heute sichtbar, dort liegt auch das älteste erhaltene Wohnhaus, das nach einem der Besitzer, dem Augenarzt Professor Schoeler benannte Schoelerschlößchen aus dem 18. Jahrhundert. Das Haus steht leer und soll jetzt komplett restauriert werden. Die Schmargendorfer Dorfaue an der Breiten Straße kann aus ältester Zeit eine Dorfkirche aufweisen, die die kleinste der noch vorhandenen Berliner Kirchen dieser Art im spätgotischen Baustil ist. Zum Zentrum des modernen Wilmersdorf wurde der Fehrbelliner Platz mit einer Reihe von Verwaltungsbauten der zwanziger, dreißiger und der späteren Jahre, darunter das Wilmersdorfer Rathaus, Bauten der Versicherungsanstalten und des Senats von Berlin. Dort befinden sich auch die Ausstellungsräume des Kunstamts, die Kommunale Galerie, mit einem kleinen Theater, einer Bildausleihe und dem Heimatarchiv und -museum. Zu den herausragenden Bauwerken Wilmersdorfs gehören das alte Joachimsthalsche Gymnasium, von Architekten der Schinkel-Nachfolge erbaut, die Kirche am Hohenzollernplatz des Architekten Höger, die Kreuzkirche in Schmargendorf, die pakistanische Moschee und die russisch-orthodoxe Christi-Auferstehungs-Kathedrale. Beachtlich sind die Verkehrsbauten, so zum Beispiel die Untergrundbahn der Stadt Wilmersdorf aus der Zeit vor 1914 mit ihren künstlerisch anspruchsvoll gestalteten Bahnhöfen, eine neue U-Bahnlinie, die Spandau mit dem Süden der Stadt verbindet, eine weitere Linie, die den Wedding mit Steglitz verbindet und im Zuge der Bundesallee angelegt ist. Schließlich ist da noch die Stadtautobahn mit ihrem Anschluß an die Avus und damit direkt an den Berliner Ring und die Autobahnen. Zu Wilmersdorf gehört auch der Grunewald mit den Grunewaldseen und der Havel, von altersher ein beliebtes Ausflugsziel der Berliner und ihrer Gäste, mit den zur Havel hin bergig ansteigenden kiefernbewachsenen Dünen und den vielbesuchten

Sandstränden sowie dem herrlichen Aussichtspunkt, dem Grunewaldturm auf dem Karlsberg. Und nicht zuletzt werden Kultur und Kunst in Wilmersdorf, in dem jeder vierte Einwohner mindestens das Abitur oder die Mittlere Reife besitzt (laut Baedeker), intensiv gepflegt. Eine Reihe von Künstlern lebte in den Straßen am Kurfürstendamm, im Grunewald-Viertel und in der Künstlerkolonie am Südwestkorso, es ist aber vor allem auch an den Verleger Fischer in der Kolonie Grunewald und die seinem Verlag verbundenen Autoren zu denken. Der beliebteste Schilderer des dörflichen Wilmersdorf war der Maler Hanns Fechner, der in seinen „Spree-hanns"-Geschichten uns Heutigen einen farbigen Blick in die Vergangenheit erlaubt: Im Alter erblindet, diktierte Fechner seine Jugenderinnerungen und setzte damit Wilmersdorf und seinen Menschen ein bleibendes Denkmal.

Die vorliegenden Archivbilder geben mit vielen bislang unveröffentlichten Fotos einen guten Überblick über die Postkarten- und Fotosammlung des Wilmersdorfer Archivs von den Anfängen der Fotografie bis zum Ende der fünfziger Jahre.

Ich danke Helmut Verch für die Hilfe bei der Texterstellung und der Auswahl der Fotos und dem Wilmersdorfer Heimatverein, vertreten durch seine Vorsitzende Frau Cölle-Lück, für wertvolle Hinweise und Fotos.

1

Bauern und Bürger

Das älteste Wilmersdorfer Wohnhaus aus dem 18. Jahrhundert, am Ende der alten Dorfaue, der Wilhelmsaue gelegen, wurde nach einem seiner vielen Besitzer, dem Augenarzt Professor Schoeler, benannt. Heute dient es als Kindertagesstätte.

Die alte Wilmersdorfer Dorfkirche wurde 1772 als Ersatz für die 1766 abgebrannte Kirche erbaut und um 1900 gegen Protest der Gemeinde abgerissen: Die Kirchenbehörden wollten einen städtischen, historisierenden Bau, der ohne Bezug zur dörflichen Vergangenheit war.

Marie, Anna und Kleinkind Maria Fechner im Garten in der Brandenburgischen Straße. Aufnahme von Maler-Fotograf Wilhelm Fechner, einem der ersten Zuwanderer aus Berlin, der sich in Wilmersdorf ein Haus gebaut hatte.

1906: der bescheidene Bauernhof des Bauern Lipinski in der Wilhelmsaue Ecke Mehlitzstraße, von rechts ist schon die neue Miethausbebauung an den alten Bauernhof gerückt.

Eine von vielen Blisses, Johanna Blisse, Gasteiner Straße 15, füttert ihre Junghennen.

Die Brandtsche Villa am Brabanter Platz in Wilmersdorf um etwa 1880. Nach der Bauern-befreiung des 19. Jahrhunderts hatten die Wilmersdorfer Bauern durch Landverkäufe das Geld, sich menschenwürdige Wohnungen zu bauen.

Frau Anna Brandt.   Herr Albert Brandt.

Das Nachbardorf Schmargendorf mit kleiner spätgotischer Kirche; rechts daneben die alte Schule (längst abgerissen) und das Denkmal des Kaisers Wilhelm I. (eingeschmolzen).

Ländliche alte Schmiede in Schmargendorf, 1888, mit Schmiedemeister Nitsche und Familie
(rechts), Helgolandstraße 5.

Der Erfolgsautor Hermann Sudermann
besaß ein Haus in der Bettinastraße nahe
dem Bahnhof Grunewald, in dem sein
einstiges Arbeitszimmer besichtigt werden
kann. Er kaufte ein schloßähnliches Guts-
haus im Süden Berlins, in Blankensee,
und bestimmte es nach seinem Tod zum
Zufluchtsort für kranke und bedürftige
Schriftsteller.

Werktätige Frauen am Rüdesheimer Platz, um 1895.

Schmargendorf 1883: Bauerngutsbesitzer Johann und Sophie Donner. In der Mitte stehend: Martha Donner, Ehefrau von Ernst Balz.

Haus des Bauern Hermann Schmidt in Schmargendorf, Mecklenburgische/Ecke Breite Straße.

16

Restaurant „Schwarzer Adler" und Konditorei Hans Nowak in der Zoppoter Straße.

Kolonie Grunewald: Bismarckdenkmal. Der Alt-Reichskanzler galt als Förderer der auf Grune-wald-Gelände angelegten neuen Kolonie.

Büdner Albert Schramm (1866–1926) bringt seine Milch mit dem Pferdewagen zur Kundschaft

ins feine Tiergartenviertel um 1900.

Wohn- und Geschäftshaus Wilhelmsaue 28/Ecke Augustastraße (heute Blissestraße) in Wilmersdorf im Jahre 1901.

Ehefrau Mehlitz, geb. Brandt, mit Tochter.

Wilmersdorfer Ludwig Mehlitz, Mehlitzstraße/Ecke Wilhelmsaue.

Tischlermeister Seiffert (links) mit Belegschaft vor seiner Werkstatt.

Eine kleine Buchhandlung und Buchdruckerei in der Uhlandstraße 128 in Wilmersdorf.

Gutbürgerliches Viertel am Olivaer Platz: Kinderfräuleins mit Tortenhüten des letzten Mode-schreis und Dienstmädchen hüten im September 1909 den Nachwuchs.

Die Werke des zeitweilig in der Kolonie Gru-newald ansässigen Schriftstellers Gerhart Hauptmann wurden vom Verleger Fischer, der sich in der Erdener Straße eine Villa gebaut hatte, herausgebracht. Hauptmann war ein Hauptvertreter des Naturalismus und wurde durch Bühnenstücke wie „Die Weber" und „Die Ratten" weltweit bekannt. 1912 erhielt er den Nobelpreis.

Während des Ersten Weltkrieges in Wilmersdorf: Das Damenkränzchen des Beamtenhauses strickt warme Wollsocken für die Frontsoldaten.

Butter und Molkereiwaren aus eigener Produktion in der Ringbahnstraße in Halensee.

Der Laden der Familie Balz in Schmargendorf um 1919/20 mit Elisabeth Balz und Kindern.

Wally und Kurt Balz aus Schmargendorf unterwegs mit einer barocken Kreuzung aus Schub-
karre, Fahrrad und Thronsessel, 1903.

24

Zarnkes Reisebüro in der Uhlandstraße 138/139 um 1925: Dienstleistungsbetriebe vorerst kleinen Zuschnitts, die die Reiselustigen mit Fahrkarten und Hotelbuchungen versehen, gehören zur Wachstumsbranche.

Rüdesheimer Platz: Sponsor Kommerzienrat Haberland stiftet eine repräsentative Gestaltung durch Bildhauer Emil Cauer. Im Bild: der „Vater Rhein" (1911).

Die „Gartenstadt" um den Rüdesheimer Platz im Luftbild: schmale Rasenstreifen vor den Häusern täuschen exquisite Grünlage vor. Gehobener Standard von vor 1914.

Familien Dumke und Urbschad unter dem Christbaum in der Bruchsaler Straße 11, Weihnachten 1925: das wichtige Fest mit Kerzenglanz und vollen Gabentischen.

Familientreff der Familie Balz, Schmargendorf, 1929: Gartenparty im Schick der zwanziger Jahre, nur die Herrenkleidung hat mit der Mode nicht Schritt gehalten.

Umzugswagen in der Holsteinischen Straße in Wilmersdorf. Die Mädchen tragen BDM-Blusen und -Röcke oder „Kletterwesten" der NS-Jugendorganisationen. Die Aufnahme stammt aus dem Jahre 1934.

„Eintopfessen" des Kraftfahrkorps vor dem Stadthaus Wilmersdorf, März 1936. Die Eintopfessen wurden mit großem Propagandaaufwand von oben befohlen: Man sollte auf Suppe und Braten verzichten und den eingesparten Betrag spenden. Die Blockwarte der NS-Partei wurden durch die Häuser geschickt, um das Geld einzutreiben und gleichzeitig zu kontrollieren. Auch in den Restaurants gab es an diesen Tagen nur „Eintopf".

Erinnerung an grausige Tage und Nächte: die Radierung „Höchster Alarm" der Wilmersdorfer Malerin Gerda Rotermund schildert den hastigen Lauf in die Luftschutzkeller. Fotografieren durfte man dergleichen nicht!

Die Hinterlassenschaft des 1000jährigen NS-Reiches wird von Trümmerfrauen in der Bayerischen Straße im Sommer 1950 beseitigt.

Es gibt wieder Spielsachen! Ein Roller vor erstaunten Kinderaugen im Schaufenster in der Bernhardstraße in Wilmersdorf, 1947.

Der Bauernhof der Familie Schramm in der Berliner Straße 121 in Wilmersdorf. Einige wenige Bauernwirtschaften haben noch bis in die sechziger Jahre existiert: Mit zugekauftem Futter wurden Schweine und Kühe versorgt, und die Städter kauften hier Eier und Frischmilch.

Bauernhof der Familie Blisse in der Gasteiner Straße 15, 1950: die Lebensmittelknappheit der Nachkriegszeit wurde für die letzten Bauernwirtschaften im reinen Stadtgebiet noch für ein paar Jahre zur Rettung vor der endgültigen Schließung.

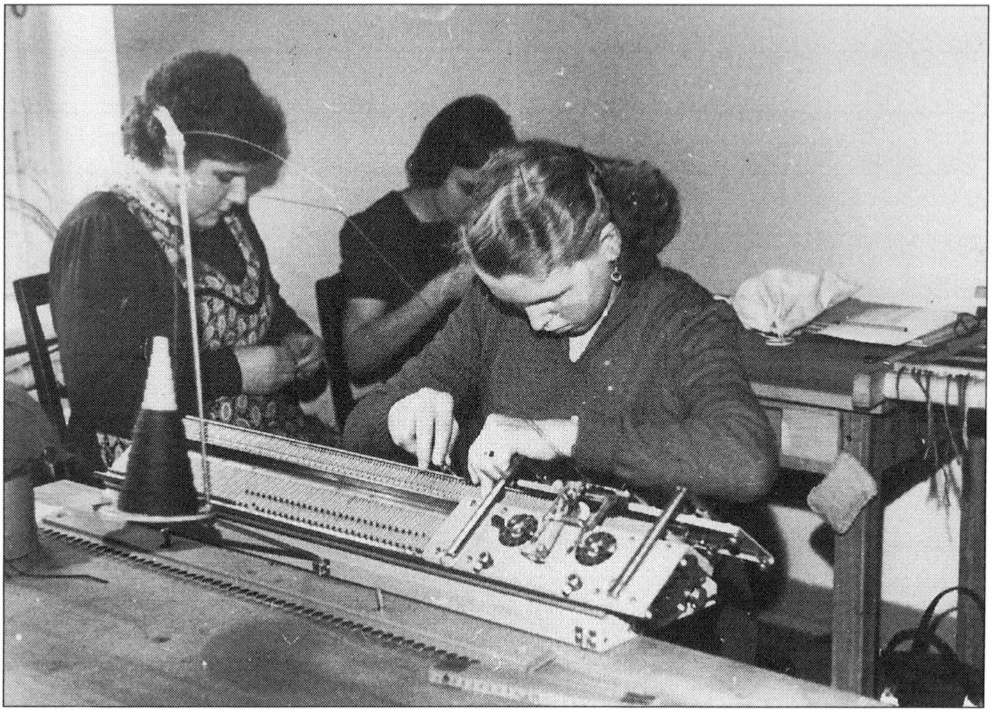

Ausbildung behinderter Jugendlicher im Blissestift in der Wilhelmsaue in Wilmersdorf: Hier die Arbeit am Strickapparat Rapidex im Jahre 1954.

Brücke-Maler und Kunstprofessor Max Pechstein (rechts) schaffte als erster der Brücke-Künstler den Sprung ins Hochschul-Professorat. Hier mit dem Maler-Kollegen Professor Ali Klat. Beide waren während der NS-Zeit als entartete Künstler verfemt.

Der Setzersaal der Druckerei Heenemann in Wilmersdorf, Uhlandstraße. Hier wurde lange Zeit auch die Wilmersdorfer Zeitung gedruckt sowie die amtlichen *Wilmersdorfer Blätter*, beides Fundgruben für die Stadtteilgeschichte. Beide Organe haben ihr Erscheinen längst eingestellt, die Wilmersdorfer Blätter schon 1916 und die Wilmersdorfer Zeitung seit 1920.

Der Wilmersdorfer Maler Ernst Fritsch, Professor an der Hochschule für Bildende Kunst, gehörte mit meisterlichen figürlichen Bildern zu den Vorbildern der postabstrakten Generation. Sein Leitspruch war: Malen und heiraten ist zuviel Genuß!

Die Schauspielerin Rotraut Richter wohnte mit der Familie in einer kleinen Straße in der Nähe des Fehrbelliner Platzes. Sie wird den Älteren unter uns noch von vielen Filmen in Erinnerung sein, in denen sie die kesse Berliner Göre spielte, zum Beispiel „Das Veilchen vom Potsdamer Platz".

Bildhauer Professor Richard Scheibe war einer der Hauptvertreter einer kühlklassizistischen Richtung in der Bildhauerkunst. Von ihm stammt die große Figur auf der Kuppel des Charlottenburger Schlosses.

Charlotte Schweizer in ihrem Laden in der Holsteinischen Straße um 1960: um sie herum eine bunte Mischung von Zeitungen, Zeitschriften, Tabakwaren, Postkarten und Süßigkeiten sowie, nicht zu vergessen, eine satte Auswahl von Spirituosen, vom Eierlikör bis zum Magenbitter.

Hilde Knef beschreibt ihre Kindheit in der Wilmersdorfer Bernhardstraße in ihrem Buch vom „Geschenkten Gaul" recht flott und berlinerisch. Nach ihrer Filmkarriere stieg sie als Chansonette aufs Podium und hatte eine stattliche Zahl von Anhängern.

2

Kleine Verkehrsgeschichte

Die alte Schmargendorfer Brücke (Mecklenburgische Straße) über die Ringbahn, Blickrichtung Wilmersdorf. Die Brücke war dem modernen Verkehr nicht gewachsen und mußte bald einem Neubau weichen. Das Bild wurde um 1880 aufgenommen. Im Hintergrund rechts die alte Mühle. Rechts neben der Kutsche ist der Turm der Dorfkirche zu sehen.

Der erste Wilmersdorfer Pferdeomnibus: Linie Wilmersdorf-Schöneberg-Spittelmarkt. Aufnahme des Wilmersdorfer Maler-Fotografen Wilhelm Fechner um 1883/1885. Für eine regelmäßige Fahrverbindung nach Berlin hatte sich der Wilmersdorfer Gemeindevorsteher Stork besonders eingesetzt (auf dem Oberdeck, mit Zylinder).

Pferdestraßenbahn, Reiter und Radfahrerin auf dem Henriettenplatz am Bahnhof Halensee, Blickrichtung Grunewald. Links hinter der Reitergruppe ist die Eisenkonstruktion der Halenseebrücke zu sehen. Um 1900.

Versuchsbetrieb mit einem elektrischen Oberleitungsbus am oberen Kurfürstendamm vor weithin noch unbebautem Gelände im Jahre 1882.

Pferde-Straßenbahnen in der Leipziger Straße/Ecke Mauerstraße im Berliner Zentrum mit Richtungsschildern „Halensee" und „Uhlandstraße" in Wilmersdorf im Jahre 1897.

Dampfstraßenbahn Zoo-Grunewald auf dem Betriebsgelände an der Schinkelstraße in Grunewald um 1890.

Elektrische Straßenbahn Linie B Richtung Roseneck über Hubertusallee (Kolonie Grunewald), Blickrichtung Henriettenplatz um 1912. Dieser Teil der Halenseebrücke durfte nur von der Straßenbahn befahren werden. Die rasche technische Entwicklung führte von der Pferdekutsche über die Pferde-Straßenbahn zur Dampfstraßenbahn und von da über gewisse Versuchsstadien zur elektrischen Straßenbahn und zur elektrischen Untergrundbahn. Mit der Einführung des elektrischen S-Bahn-Betriebs in den zwanziger Jahren lag Berlin weltweit an der Spitze der technischen Entwicklung.

Wilmersdorf: Hohenzollernplatz mit U-Bahn-Eingang mit Blickrichtung Osten. Links der Hohenzollerndamm.

Wilmersdorf: Der Kaiserplatz (heute Bundesplatz) mit der Figur der „Flora" oder „Winzerin" inmitten großzügig angelegter Rasenflächen. Hinten links die Wexstraße, rechts die Detmolder Straße, im Hintergrund die Kaiserallee.

Der Hohenzollernplatz mit gründerzeitlicher Bebauung, noch ohne U-Bahn-Linie. Rechts der Hohenzollerndamm mit Blickrichtung Fehrbelliner Platz, am Rand rechts die Ecke Düsseldorfer Straße. Um 1900.

Endhaltestelle der elektrischen Straßenbahnlinie 67 in der Wilhelmsaue, mit solider gründer-zeitlicher Bedürfnisanstalt. Sie wurde 1945 von der britischen Besatzung aus Angst vor Ansteckungskrankheiten abgerissen.

Hohenzollerndamm/Ecke Uhlandstraße mit wartenden Taxis um 1900.

Straßenbahnhaltestelle der Linie 57 am Fehrbelliner Platz, mit Nichtraucher-Triebwagen und Anhänger. Um 1930.

Zu den weltweit bewunderten Verkehrsbauten Berlins gehörte die S-Bahn, die elektrische Schnellbahn, mit dem Ring um Berlin und den Verbindungen in die Vororte. Hier der Bahnhof Grunewald an der Strecke nach Potsdam im Jahre 1930.

Im Nichtraucher-U-Bahn-Wagen des Jahres 1930. Es gab an den Längsseiten der Wagen zwei einander gegenüberliegende Sitzbänke und dazwischen sehr viel Raum für Stehplätze.

Noch lange, und nicht nur in Kriegszeiten, sah man Pferdefuhrwerke in der Stadt. Hier ein Maurermeister mit seinen Gerätschaften am Olivaer Platz/Ecke Bregenzer Straße.

Schienen-Schweißarbeiten am überstrapazierten Straßenbahn-Schienennetz in Kriegszeiten (um 1940). Im Hintergrund ein Ladengeschäft der NS-Organisation „Kraft durch Freude" (Veranstalter von Gruppenreisen, zum Beispiel in ein riesiges Badezentrum auf der Insel Rügen).

Versuche mit einer Holz-Entladevorrichtung auf dem Güterbahnhof Grunewald am 28. April 1940. Von diesen Gleisen des Güterbahnhofs Grunewald fuhren ab 1941 die Deportationszüge in die Vernichtungslager ab. „Vielleicht hatte es die Gestapo dort am Waldesrand auch leichter, die Leute noch einmal ungestört zu filzen...". (Inge Deutschkron)

Der Bahnhof Grunewald mit kleinen Ladengeschäften sowie einem Durchgang zur Kolonie Eichkamp und zum Forst.

Der vorstädtische Ortskern von Schmargendorf mit Straßenbahngleisen und Omnibus. Die Häuser am rechten Bildrand wurden im Zuge einer Straßenverbreiterung abgerissen und durch Neubauten ersetzt. Typisch für die fünfziger Jahre die Dreirad-Transportwagen.

Die Straßenbahnlinie 3 in der Berliner Straße/Ecke Fechnerstraße in Wilmersdorf. Ursprünglich eine Ringlinie, endet die Bahn nach der Spaltung Berlins jetzt an der Grenze zum Ostsektor, der Grüntaler Straße/Ecke Osloer Straße.

In Westberlin werden nach und nach alle Straßenbahnlinien eingestellt: hier die Linie 51 nach ihrer letzten Fahrt. Die Wagen werden von Straßenbahn-Fans gestürmt und es wird abmontiert und mitgenommen, was auch nur abzuschrauben ist.

1955: Die zweite Fahrbahn des Hohenzollerndamms wird eingeweiht. Hier die Wagenkolonne der Prominenz; Blickrichtung Fehrbelliner Platz.

Die zweite Fahrbahn des Hohenzollerndamms zwischen Bahnhof Hohenzollerndamm und Roseneck wird nach nur viermonatiger Bauzeit in Betrieb genommen. Blickrichtung Roseneck. Rechts im Bild zwei VW-Käfer mit den sogenannten Brezelfenstern. Im Hintergrund, links, der Turm der Kreuzkirche 1955.

Fehrbelliner Platz, Ostseite: riesige Verwaltungsgebäude, die Arbeitsplätze für viele Tausende schaffen. Rechts sieht man das Landesverwaltungsamt und die Versorgungsanstalt des Bundes

und der Länder, ein Bau der dreißiger Jahre. Links: Das Hochhaus des Bausenators, gestaltet vom Architekten Werry Roth, ist mit farbigen Keramikkacheln verkleidet.

Wilmersdorf, Brandenburgische Straße/Ecke Berliner Straße, rechts die Blissestraße. Mit Straßenbahnlinie 44 gelangt man über die Blissestraße und die Hildegardstraße in Richtung Steglitz. An der hoch über der Kreuzung aufgehängten Ampel wartet links vorn ein schicker Opel mit verchromten Zierleisten und Stoßfängern im Geschmack der Zeit. Da, wo jetzt der Neubau der Sparkasse steht, gab es einst einen Nebeneingang zum nun abgerissenen Rathaus.

Die Brücke am S-Bahnhof Hohenzollerndamm in Wilmersdorf, links mit einem Mosaik zur Geschichte der Hohenzollern. Im Hintergrund ein Neubau der Nachkriegszeit. Eine Aufnahme von 1955.

Der Tunnel der Stadtautobahn am Rathenauplatz in Wilmersdorf auf dem ehemaligen Gelände des Vergnügungsparks „Lunapark". Hier abgebildet sind Wohnbauten der dreißiger Jahre (im Mittelgrund) und der Nachkriegszeit (hinten Mitte).

Luftaufnahme der Havel. Rechts das Wilmersdorfer Ufer mit der Lieper Bucht, dahinter der Karlsberg mit Grunewaldturm. Im Hintergrund Spandau.

Großschiffahrtsweg Havel: Berlin, an Spree und Havel gelegen, verfügt mit großen Hafen- und Speicheranlagen, Schleusen und Kanälen über ein gut ausgebautes Netz von Wasserstraßen. Hier die Havel im Bezirk Wilmersdorf mit Frachtschiff und Sportbooten. Im Hintergrund der Karlsberg (79 m) mit dem Grunewaldturm (55 m), der ursprünglich als Kaiser-Wilhelm-Turm für Wilhelm I. mit einem Denkmal des Herrschers und seiner Untertanen errichtet wurde. Die Havel ist an dieser Stelle etwa 500 m breit.

3

Die Schulen

Die alte Wilmersdorfer Dorfaue, die Wilhelmsaue und die 1864 erbaute frühere Dorfschule mit ländlichem Staketenzaun. In Hintergrund schon ein viergeschossiges Wohnhaus, rechts im Bild mit Flügelhaube eine Spreewälder Amme.

Kinder der Wilmersdorfer Dorfschule um 1888/89 mit ihrem Lehrer W. Haupt.

Schmargendorf, Heiligendammer Straße 10: die Höhere Töchterschule der Marie Blankenhorn im Jahre 1908. Sie war bis 1913 Privatschule, dann wurde sie von der Gemeinde übernommen.

Das Lehrerkollegium der Gemeindeschule 4 in Wilmersdorf (vor 1914).

Gemeindeschule 1 in Wilmersdorf, Gieseler Straße: Klassenfoto des 6. Schuljahrs 1918 mit Lehrer Thiele. Der Pfeil zeigt auf den Schüler Kämmerer, der das Foto stiftete.

Klassenfoto aus der Schule Babelsberger Straße mit der Lehrerin Frau Wienand (1918/19).

Die Nachbargemeinden Wilmersdorf und Schmargendorf waren sehr um die Bildung der Mädchen, und nicht nur der höheren Töchter, bemüht. Im Bild: die Schmargendorfer Höhere Töchterschule, in der die Privatschule der Marie Blankenhorn aufging.

Angehörige des Schulbüros (der Schulverwaltung) des Verwaltungsbezirks Wilmersdorf vor dem Stadthaus in der Bundesallee am 22. März 1923.

Entfremdung von der Natur und Abkehr von der Arbeit sind der Fluch unserer Zeit! – also gründete man auf für einen Krankenhausbau vorgesehenem Gelände eine Gartenarbeitsschule (Dillenburger Straße, dreißiger Jahre).

Schulausflug der 8. Volksschule Pfalzburger Straße in Wilmersdorf mit Lehrer Robert Wehlitz nach 1930. Wehlitz machte sich um die Wilmersdorfer Heimatforschung verdient durch das Anlegen einer mehrbändigen Chronik.

Ein Foto der Grundschule in Schmargendorf 1931. Klassenleiter: Erich Kloß.

Klassenfoto aus dem Grunewald-Gymnasium, etwa 1936, mit dem rückseitigem Vermerk: „damals noch fünf jüdische Jungen, die 37/38 das Gymnasium verlassen mußten und dann auf die jüdische Kaliski-Schule gingen."

Private jüdische Waldschule Kaliski: Kinder beim Kartoffelschälen. Foto aus dem Prospekt der Schule von 1938.

Die Obertertia der jüdischen Goldschmidt-Schule im Jahre 1937.

Auf dem Sportplatz der Jüdischen Gemeinde im Grunewald fanden die Sportfeste, Wettbewerbe und Veranstaltungen der Schulen sowie der verschiedenen Sportvereine (im jeweiligen Sportdress) statt.

Ein Foto von Walter Köppe vom Frühjahr 1941 mit dem rückseitigem Text: „Altstoffsammlung der Klasse 7d (Unterprima) der damaligen Hindenburgschule, Oberschule für Jungen, Berlin-Wilmersdorf, im Frühjahr 1941. Anschieben der Transportwagen zu den letzten 3 ¹/₂ km bis zur Schule." Hier in der Kleiststraße. Die der Bevölkerung verschwiegene wirtschaftliche Notlage und die Rohstoffknappheit standen im Hintergrund solcher Aktionen.

Die ehemalige Hindenburgschule, heute Friedrich-Ebert-Oberschule, am Volkspark Wilmers-
dorf/Ecke Blissestraße um 1940. Der Nachfolger des deutschnational gesinnten jüdischen
Direktors der Schule wurde Anfang der dreißiger Jahre Parteigenosse Dr. jur. Ernst Krohn.
Unter seiner Leitung mußten im Zuge der Rassentrennung alle jüdischen Schüler die Schule
verlassen. Es wurden private jüdische Schulen gegründet, zum Beispiel die Waldschule Kaliski.
Viele Schüler mußten mit ihren Eltern Deutschland verlassen und versuchten einen neuen
Anfang in England, den USA oder Palästina, ehe die Grenzen gesperrt wurden.

Durch Bombenangriffe zerstörte Schule in der Pfalzburger Straße: die außerordentlich gute
Bausubstanz erlaubte einen kompletten Wiederaufbau.

Mit einem Magnettongerät kommt die moderne Technik in den Unterricht in der Cäcilienschule am Nikolsburger Platz in Wilmersdorf, hier im Jahre 1953.

Richtfest der 4. Grundschule am Rüdesheimer Platz am 22. Juni 1955. Der Richtkranz ist hochgezogen. Der Neubau von Schulen war in den Jahren nach 1945 bitter notwendig, um den Kindern weite Wege und den Schichtunterricht zu ersparen.

Kindertagesstätte Auguste-Victoria-Straße in Grunewald, ein Neubau der fünfziger Jahre.

Cäcilienschule: Ankündigung einer ersten Schulkino-Veranstaltung 1953. In Zeiten, in denen es noch kein Fernsehen gab, war dies eine beliebte Attraktion.

Jugendheim am Lochowdamm in Wilmersdorf: Tanz unter dem Maibaum im Jahre 1954. Neben dem Wiederaufbau von zerbombten Schulgebäuden ließ man sich auch die außerschulische Betreuung von Jugendlichen angelegen sein. In Jugendheimen gab es Anregungen für mancherlei Betätigung, wie Näh- und Kochkurse, Spiel und Tanz.

Die Jugendtagesstätte am Lochowdamm war Jugendheim und Heim der offenen Tür. Das Bild zeigt die Nähstube um 1953.

Die Cäcilienschule am Nikolsburger Platz wurde im Jahre 1910 eröffnet und nach Beseitigung der Kriegsschäden wieder in Betrieb genommen.

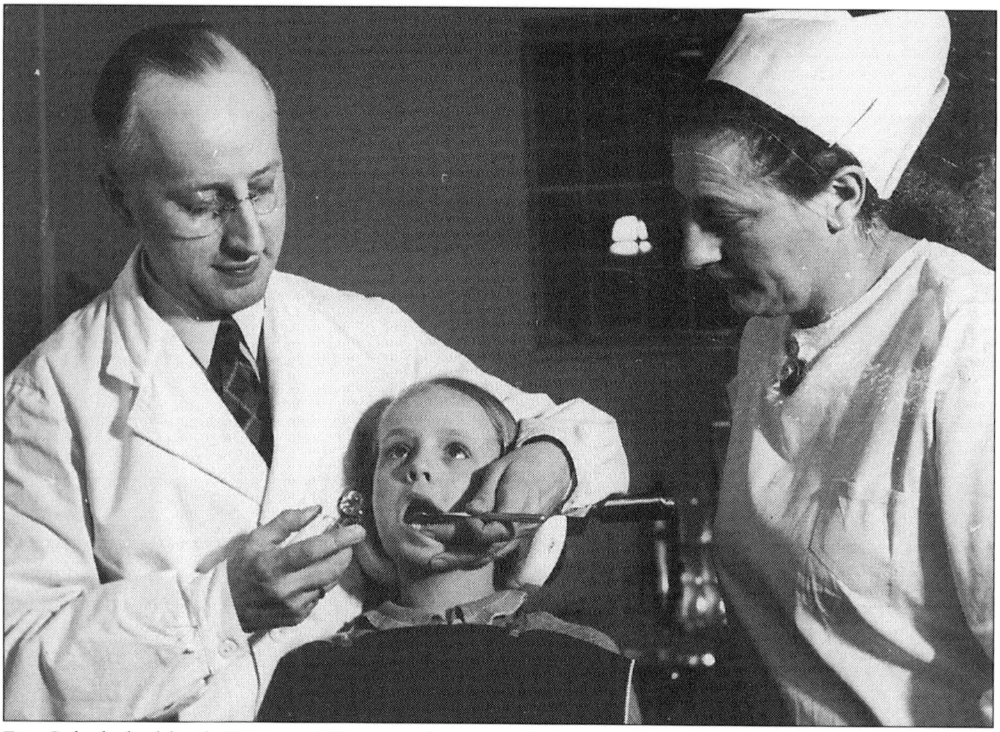

Die Schulzahnklinik. Weitere Worte erübrigen sich.

Die Kindertagesstätte in der ehemaligen Lehrervilla des Joachimsthalschen Gymnasiums, Schaperstraße 23 in den fünfziger Jahren.

Verkehrskindergarten (im Amtsdeutsch: Schülerverkehrsplatz) in Wilmersdorf, Prinzregen-
tenstraße/Ecke Waghäuseler Straße 1957. In der Bildmitte mit dunkler Brille: Bezirksbürgermeister Dumstrey. Ganz links oben am Bildrand die Ruine der Synagoge Prinzregentenstraße.
Die steigende Motorisierung und wachsende Zahl der Verkehrsunfälle machte einen Verkehrs-
unterricht für Kinder dringend notwendig.

Der Neubau einer Kindertagesstätte für Wilmersdorfer Kinder am Postfenn im Grunewald,
Gartenansicht von 1956.

Bürogebäude einer Berufsgenossenschaft in der Kaiserallee 57/58 (heute Bundesallee). Der im Gebäude befindliche im Rokokostil verzierte Spiegelsaal hatte den Bombenkrieg überstanden und wurde als Konzertsaal benutzt. Später zog dann die Hochschule für Bildende Künste in das Gebäude, wo in drangvoller Enge verwaltet und studiert wurde. Legendär sind die „Zinnober" genannten Karnevalsfeste, zu denen sich einst manche, die keine Eintrittskarte ergattert hatten, auf dem Dachboden verbargen, um unter Durchbrechen einer Wand ins untere Gebäude und in den Schwof zu gelangen. Dem Gebäude auf dem Foto ist manche kriegsbedingte Beschädigung anzusehen; die eisernen Türen im Erdgeschoß stammen noch von Umbauten für den Luftschutz.

4

Freizeit und Sport

Das 1. Damenwettfahren auf der Radfahrerbahn in Halensee bei Berlin. Nach einer Skizze von E. Hosang.

Das Fahrrad gewann mit seiner Entwicklung zu seiner heutigen modernen Form ungeheure Popularität als Verkehrsmittel und Sportgerät für Jung und Alt. Hier: Damenwettbewerb auf einer Radrennbahn in Halensee.

Das Seebad Wilmersdorf um 1895 mit abgeteilten Flächen im flacheren Wasser für Nichtschwimmer und Anfänger. Es wurde nach 1914 geschlossen und der See zugeschüttet.

Spielende Kinder im Sonntagsstaat beim Schrammschen Garten an der Berliner Straße.

Die Ballonfahrer Gustav Gebauer und Arnold Nicolai (von links) beim Gordon-Bennett-Rennen auf dem Schmargendorfer Gaswerksgelände 1908. Beide Piloten sind 1913/14 mit dem Ballon bis Perm im Ural geflogen und wurden ein halbes Jahr in Rußland inhaftiert.

Zeitungsannonce des Sportseebads Halensee, Koenigsallee 5a. Das vielbesuchte Bad existiert in veränderter Form bis heute.

Badeanstalt Halensee im Jahre 1908 mit Schwimmlehrer Wolff und Lernwilligen: Dort lernte man Schwimmen an der Angel nach einem Trockenkurs auf dem Dach.

Wenn andere Sport trieben oder wanderten, verdrückten sich die „Frischluftgeschädigten"
während ihrer Freizeit in ihre schummrige Lieblingsdestille bei einer oder auch mehreren küh-
len Blonden. Hier: die Restauration von Albert Dahlke in der Berliner Straße/Ecke Mannhei-
mer Straße um 1910.

Das Restaurant von Franz Hartmann in der Wilhelmsaue 8, 1910. Rückseitiger Vermerk:
„besteht heute noch".

Beliebte Ausflugsziele der Wilmersdorfer (und Berliner): die zahlreichen Seen im Grunewald. Hier der Grunewaldsee.

Das Wirtshaus „Schildhorn" an der Havel gehörte zu den beliebten Ausflugszielen, die man nach dem Wandern durch den Grunewald vom Bahnhof Grunewald aus erreichte.

Fleißige Handwerker bei Weißbier im Gartenlokal. Links Tischlermeister Sternitzke, rechts Klempnermeister Schillanck. Neben Sternitzke Gastwirt Kriesche (undatiert).

Gesangvereine wie der hier gezeigte Gesangverein „Concordia", auf Betreiben des Wilmersdorfer Lehrers Schulz gegründet, spielten bei den Bildungsbeflissenen jener Zeit eine große Rolle.

In selbst entworfener Uniform und mit vollem Ordensschmuck feiert die Wilmersdorfer Schützengilde 1931 ihr 25jähriges Jubiläum.

Nicht minder zahlreich: die Schmargendorfer Schützen. Hier schießt man, höchst sonderbar, auf Windmühlen.

Vorstädtisches Ausflugslokal in der Berliner Straße 154/Ecke Kaiserallee in Wilmersdorf 1904: die Gaststätte „Landhaus", ein ländlicher Fachwerkbau mit großem Biergarten.

Eine Freizeitbeschäftigung der besonderen Art: die durch Landverkäufe reich gewordenen Wilmersdorfer Bauern gehen zur Jagd. Hanns Fechner schreibt: „Damals gehörte es bei den über Nacht Reichgewordenen zum guten Ton, daß jeder eine Jagdpacht sein eigen nannte. Der alte Bauernspruch „Wie gewonnen, so zerronnen" bewahrheitete sich auch hier wieder einmal…"

Die Mitglieder des Schmargendorfer Turnvereins mit hellen Hüten und dunklen Joppen. Auf der Fahne mit wallendem Bart das Porträt des Turnvaters Jahn.

Ostersonntag 1934: Erstes Nationales Einstunden-Rollschuh-Mannschafts-Straßenrennen um den Rüdesheimer Platz in Wilmersdorf. Streckenlänge: 430 m.

Dies prächtige Fahrrad der Marke „Brennabor" kostete um 1925 zwischen 50 und 90 Reichsmark: längst war das Fahrrad entgegen der Reglementierungssucht wütender Dorfpolizisten zum beliebten Verkehrsmittel geworden.

Gemischte Gesellschaft: die Belegschaft des weithin berühmten Vergnügungsparks Lunapark am Halensee in Wilmersdorf. In der Mitte, sitzend, mit weißem Hut, der Gründer Hoffmann, rechts daneben Gastronom Aschinger.

Prächtig ausgestattetes, großes Karussell im Lunapark der zwanziger Jahre.

Fahrt im Auto-Scooter im gut besuchten Lunapark.

Dr. Emil Franke, langjähriger konservativer Wilmersdorfer Bürgermeister, mit Familie, Auto
und Chauffeur.

Viele reiselustige Berliner verbringen ihre Ferien am Strand der Ostsee: hier die Schmargendorfer Familie Balz in Ahlbeck 1907. Von links: Kurt, Ernst, Else, Wally, Otto, Martha, Emma
und Wilhelm Balz.

Auf dem noch weitgehend unbebauten Fehrbelliner Platz schlugen die großen Zirkusunternehmen ihre Zelte auf. Hier ein Wagen des Zirkus Hagenbeck. Im Hintergrund die russische Kirche, links das Gebäude der NS-Gewerkschaft Arbeitsfront im Jahre 1935.

Eva-Lichtspiele

Augustastraße 7.   An der Wilhelmsaue,

Hygiene der Ehe

im Film

Mit allgemein verständlichem ärztlichen Vortrag

Was ein jeder von der Ehe wissen muß!

Nur Gesunde dürfen heiraten.
Verschwiegene Krankheit ist Verbrechen.
Geschlechtliches darf nicht Geheimnis sein.
Schwangerschaft und Geburt sind heilige Naturerscheinungen.
Das Glück der Ehe sind gesunde Kinder.   2060

Annonce der „Eva-Lichtspiele" in der Augustastraße 7 (heute Blissestraße). Die Kinos brachten neben ihrem Unterhaltungsprogramm auch Matinees mit Reise- und Forschungsberichten, Schulfilmvorführungen und medizinischen Themen. Zu den großen Neuerungen unseres Jahrhunderts gehört neben Auto, Flugzeug, Radio und Telefon, elektrischem Licht und elektrischem Zugverkehr vor allem das Kino, das im raschen Fortschritt vom Stummfilm zum Tonfilm und vom Schwarzweiß- zum Farbfilm nicht nur technisch ständig weiter entwickelt wird, sondern auch den Schauspielern völlig neue Möglichkeiten bietet. Ein Starkult etabliert sich, Künstler wie Chaplin, Greta Garbo, Buster Keaton und Shirley Temple werden als herausragende Vertreter des neuen Mediums weltberühmt. Mit der Einführung des Fernsehens allerdings verlieren viele kleine Kinos ihren Besucherstamm und müssen schließen.

Das große Uraufführungskino „Atrium" in der Kaiserallee (heute Bundesallee)/Ecke Berliner Straße war mit einer Bühne für Varieté- und Operettenaufführungen ausgestattet. Von Bomben zerstört, wurde es nach 1945 abgerissen.

Das kleine Kino an der Ecke: die „Rüdesheimer Lichtspiele" an der Aßmannshauser Straße. Vor Einführung des Fernsehens abendlicher Lieblingszeitvertreib für viele Familien.

Das nach dem Zweiten Weltkrieg umgebaute Strandbad
Halensee mit sommerlichem
Badebetrieb. Im Hintergrund
der Berliner Funkturm 1951.

Auf dem Gelände der ehemaligen Gasanstalt Schmargendorf entsteht ein großes Sportstadion,
das Stadion am Lochowdamm. Hier die Einweihungsfeier 1951.

Der Regierende Bürgermeister Ernst Reuter bei den Einweihungsfeierlichkeiten für das Stadion am Lochowdamm 1951. Der Bezirk Wilmersdorf machte nach 1945 große Anstrengungen, um ein gewisses Defizit an Sportanlagen auszugleichen. Es wurde eine lange entbehrte Schwimmhalle gebaut, neben dem Lochowdammstadion ein Freibad, Tennisplätze sowie ein Eisstadion, das Bad Halensee wurde völlig modernisiert. Schüler erhielten neue bessere Turnhallen, der Sportplatz im Volkspark Wilmersdorf wurde ausgebaut und mit einer Flutlichtanlage versehen. Am Grunewaldsee und am Teufelssee im Grunewald wurden Areale für FKK-Anhänger angelegt.

Betriebsfest im (wissenschaftlichen) Springer-Verlag am Heidelberger Platz in Wilmersdorf in den fünfziger und sechziger Jahren.

Im großen Festzug der Schmargendorfer Heimatwoche im Jahre 1955 fährt auch diese uralte Dampfspritze der Berliner Feuerwehr mit.

Die Gründung des Heimatvereins für den Bezirk Wilmersdorf e. V. während der Schmargendorfer Woche im gleichen Jahr. Die Kostümierten stellen den Großgrundbesitzer Kabinettsrat Beyme (mit Zylinder) und den Dorfschulzen Suchland (unten links, mit rundem Hut) dar. Rechts mit der Amtskette der Wilmersdorfer Bürgermeister Dr. Batzel.

Rollschuhbahn auf ehemaligem Trümmergrundstück in der Emser Straße in Wilmersdorf, Juni 1957.

Das Sommerbad auf dem Sport- und Freizeitgelände am Lochowdamm wurde 1956 eröffnet und von der Bevölkerung begeistert angenommen.

Wilmersdorfer Sportfest 1958 am Lochowdamm. Hier: Fußballspieler („Prominentenelf") mit Bezirksbürgermeister Batzel (mit Mütze).

Eröffnung der Rollschuhbahn in der Waghäuseler Straße in Wilmersdorf am 28.Oktober 1957. 3. von rechts: Bezirksbürgermeister Dumstrey, ganz links Stadtrat Meyerhof, in der Mitte: Bezirksdirektor Ribback.

5

Im Dienst der Bürger

Die hochdekorierten Wilmersdorfer Ordnungshüter. Meist waren das Unteroffiziere, die lang-
jährig im Dienst standen und nun Anspruch auf subalterne Stellen hatten. In der Mitte in Zivil
die Bürgermeister Habermann und Peters.

Das alte Wilmersdorfer Rathaus, ein Backsteinbau von 1895, mit einem Balkon an der Wohnung des Gemeindevorstehers. Es wurde im Weltkrieg zerbombt und nach 1945 abgerissen.

Oberbürgermeister Ernst Habermann, Wilmersdorfs Bürgermeister von 1907 bis 1920. Nach der Bildung von Groß-Berlin war er noch lange Jahre ehrenamtlich tätig.

Kolonie Grunewald: das Amtshaus der selbständigen Gemeinde Grunewald, die 1920 zu Groß-
Berlin kam und mit dem Stadtbezirk Wilmersdorf vereinigt wurde.

Das Rathaus der Nachbargemeinde Schmargendorf ist ein neugotischer Backsteinbau
von Otto Kerwien (1902) und heute Sitz des
Standesamts und eines „urigen" Ratskellers.

Gemeindevertreter Franz Rammrath mit Frau (Mitte, im dunklen Kleid) und Kindern um 1885. Aufsteiger Rammrath spielte beim Ankauf von Baugrund für die Stadt eine große Rolle und wurde deshalb oft heftig angegriffen.

Gemeindevertreter Rammrath mit seiner Familie vor 1896, steigt in der selbständigen Stadt Wilmersdorf als Ökonomierat zum unbesoldeten Stadtrat für Steuerangelegenheiten auf.

Soldaten der Königlich Preußischen Armee 1910 im Gartenlokal Victoriagarten in Wilmersdorf. Letzte Reihe rechts: Briefträger Ehricke.

Die Wilmersdorfer Postzusteller 1906/07. Dritter von links: Postbote Ehricke. Mehr als zehnmal täglich kam in jenen guten alten Zeiten die Post, und sonntags zweimal, ein längst vergessener Standard.

Wilmersdorfer Feuerwehr Gasteiner/Ecke Sigmaringer Straße bei der Ausfahrt zum Einsatz. Sie ist seit 1906 Berufsfeuerwehr.

Hochmoderne Feuermelder in Wilmersdorf 1907: Eine telefonische Verbindung vom Feuermelder zur Feuerwache ermöglicht präzise Meldungen und raschen Einsatz.

Mannschaftssaal der neuen Feuerwache in der Gasteiner Straße in Wilmersdorf: Warten auf den Einsatz.

Freiwillige Feuerwehr Schmargendorf in der alten Feuerwache Reichenhaller Str. 8, wo heute die Schule steht.

Die 1895/97 von Max Spitta für die rasch wachsende Wilmersdorfer Gemeinde erbaute Christuskirche an der Wilhelmsaue. Die Baukosten betrugen 293.700 Reichsmark.

Einführung des Pfarrers Hanschke, zweiter Pfarrer an der evangelischen Kirche in der Wilhelmsaue, am 15. August 1896. In der ersten Reihe von links: Geheimer Rechnungsrat Neuhaus, Pastor Hanschke, Amts- und Gemeindevorsteher Friedrich Stork, Superintendent Lange (Teltow), Konsistorialrat Kriebitz (der erste Pfarrer der Gemeinde), Regierender Rat Beckmann.

Krematorium Wilmersdorf: der Ehrenhof mit den Figuren der „Trauernden" von Bildhauer Encke 1922.

Die Russische Kirche am Hohenzollerndamm/Ecke Ruhrstraße wurde ursprünglich als Wohn-, Geschäfts- und Sakralbau errichtet. Nach einem Neubau im Jahre 1938 wurde sie lange als Hotel genutzt.

Die Synagoge in der Prinzregentenstraße war der einzige große Synagogenbau der Weimarer Zeit. Sie ist ein Werk des Architekts Alexander Beer und 1930 geweiht. In der Reichskristallnacht wurde sie zerstört, nach 1945 abgerissen.

Die Kirche am Hohenzollernplatz, ein klinkerverkleideter Betonbau, wurde 1931–33 vom Architekten Fritz Höger erbaut. Der Innenraum ist mit steilen, gotisierenden Spitzbögen ausgestattet.

Das Martin-Luther-Krankenhaus in der Caspar-Theyss-Straße. Erbaut vom Architekten Ernst Kopp 1929/30 und wegen der kompakten Bauweise als „Wendepunkt im Krankenhausbau" gefeiert (Reclams Kunstführer).

Hohenzollerndamm mit der Kreuzkirche der Architekten E. und G. Paulus von 1929. Vorn ein Regenwassersammelbecken.

Jugendstadtrat Krüger mit Wilmersdorfer Schülern auf Wanderfahrt in den zwanziger Jahre.

Das Wilmersdorfer Bezirksamts-Kollegium von 1932. Mitte: Bezirksbürgermeister Dr. Franke, rechts daneben Alt-Oberbürgermeister Habermann. Hinter Habermann steht Jugendstadtrat Krüger. Man erkennt im Hintergrund die Wahlurne der Bezirksverordneten, die aus dem Holz einer Ulme aus der Wilhelmsaue angefertigt wurde.

25jähriges Jubiläum des Vermessungsamts Wilmersdorf im Jahre 1939. Mitte: Obergeometer Paul Wernicke.

Bürgermeister Franke mit Trommelbuben der Hitlerjugend vor dem Stadthaus Wilmersdorf in den dreißiger Jahren.

Der Wilmersdorfer Bezirksbürgermeister
Walter Rieck, Bürgermeister von 1946–50.

Japanische Besucher beim Bürgermeister Dumstrey (von 1956–1964) und Bezirksverordneten.

50 Jahre Stadt Wilmersdorf. Feierstunde im Sitzungssaal der Bezirksverordneten am 20. August 1956. Es spricht der Bezirksbürgermeister Dumstrey.

Sitzung der Bezirksverordneten in den fünfziger Jahren. Am vorderen rechten Tisch sitzt links der spätere Bürgermeister Baumann (1971–1979).

Die Ostberliner Behörden riegeln sich ab. Für die Westberliner bedeutet das: Schlangestehen nach Passierscheinen für Verwandtenbesuche und für den Besuch der in Teltow jenseits der Grenzen der Stadt Berlin gelegenen Friedhöfe. Im Bild: Passierscheinausgabe 1952 für die Stahnsdorfer Friedhöfe, also auch für den Wilmersdorfer Waldfriedhof. Das blieb eine einmalige Gelegenheit. Das in Westberlin zentral gelegene Wilmersdorf hatte keine gemeinsamen Grenzen mit Ostberlin bzw. der Ostzone, es gab also auch keine Wilmersdorfer Abschnitte der „Ulbrichtschen" Mauer, wohl aber viele Bürger, die Verwandte im Osten hatten und für deren Besuch ständig aufs neue Passierscheine beantragen und Gepäckkontrollen über sich ergehen lassen mußten.

6

Aufbau, Abriß,
Wiederaufbau

Übergabe einer Versuchskläranlage für Wilmersdorf an die Königliche Prüfungsanstalt am 28. August 1903. Die Wilmersdorfer (biologische!) Kläranlage wurde später bei Stahnsdorf errichtet.

Hausbau in Schmargendorf, Breite Straße/Ecke Warnemünder Straße um 1900 nach altväterlicher Methode Stein auf Stein. Die Straßen sind noch ungepflastert.

Kanalisationsarbeiten in Wilmersdorf: Die Anlage von Neubauvierteln in der feuchten Umgebung des Fenns und des Hopfenbruchs erforderte die Anlage großer Pumpwerke und eines biologischen Klärwerks außerhalb der Stadt.

Festzug zur Einweihung des neuerbauten Schmargendorfer Rathauses 1902. Im Mittelgrund die noch unbebaute Cunostraße, ganz hinten die Gebäude der Gasanstalt und des Elektrizitätswerks.

1910: Anschüttungen im sumpfigen Wilmersdorfer Fenngelände für den U-Bahn-Bau. Im Hintergrund die Gasanstalt Schmargendorf und das Elektrizitätswerk Wilmersdorf. Es sind schwierige Bodenverhältnisse zu meistern.

1911: Die Stadt Wilmersdorf, seit 1906 selbständige Stadtgemeinde, baut eine eigene Untergrundbahn vom Wittenbergplatz (zwecks Anschluß an andere U-Bahn-Linien) bis zum Thiel-
platz (später bis Krumme Lanke verlängert), um für eine gute verkehrstechnische Anbindung
der Neubaugebiete an die Berliner Innenstadt zu sorgen und damit für eine raschere Bebauung.
Im Bild: U-Bahn-Baustelle Hohenzollerndamm/Ecke Emser- und Sigmaringer Straße. Hinten
links die Ludwigs-Kirche.

1911: Gründung der Seeparkbrücke zur Überquerung des Wilmersdorfer Fenns im Zuge der Barstraße. Hinten rechts die fertige Tunnelröhre Richtung Fehrbelliner Platz. Links hinten der Wilmersdorfer Friedhof in der Berliner Straße.

1910: Bau der gewölbten Tunneldecke für die Wilmersdorfer U-Bahn an der zu dieser Zeit noch unbebauten Hanauer Straße.

Arbeiter der Faust und Arbeiter der Stirn bzw. der Aktentasche bei Sprengung und Abriß der Gasanstalt Schmargendorf 1928. Rechts hinten der alte Gasometer.

Bau der neuen Kühltürme des Elektrizitätswerks Südwest in Wilmersdorf. Heute ist dort ein modernes Spitzenlastkraftwerk. Die Aufnahme stammt vom 19. Mai 1925.

Grundsteinlegung für die evangelische Kreuzkirche am Hohenzollerndamm 1927 nach einem Entwurf der Architekten Ernst und Günther Paulus. Es entstand ein Bauwerk, bei dem die ornamentalen Möglichkeiten der Klinkerbauweise voll ausgeschöpft wurden.

Kraftwerk Südwest in Wilmersdorf und Müllverbrennungsanlage Ende der zwanziger Jahre. Rechts das Bahngelände der Ringbahn.

Zwanziger Jahre: Neubau eines Rentnerheims in Schmargendorf, Friedrichshaller Straße. Hinten rechts das Mossestift.

Das fertige Rentnerheim Schmargendorf, Friedrichshaller Straße.

Das in den Jahren 1926–28 von Erich Mendelsohn als Universum-Kino errichtete Gebäude, hier in einer Aufnahme nach 1945, wurde wegen schwerer Kriegsschäden umgebaut: aus dem Foyer wurde das kleine „Studio"-Kino. Später wurde es für das Theater der Schaubühne abgerissen und neu hochgemauert.

Nach Abriß des Lunaparks am Halensee in den dreißiger Jahren baute die Stadt Berlin auf dem freigewordenen Gelände eine großzügig angelegte Verbindungsstraße zwischen oberem Kurfürstendamm und Messegelände, die heute mit der Stadtautobahn verbundene Halenseestraße. Die Brückenbauwerke im Bild dienen der Fern- und S-Bahn.

Wilmersdorf im Luftbild der dreißiger Jahre: Blick auf den Hohenzollernplatz mit der neu erbauten evangelischen Kirche des Architekten Fritz Höger, dem Erbauer des Hamburger Chilehauses. Schräg im Vordergrund die Uhlandstraße. Der Bau wurde in der lokalen Presse sehr kritisiert und schon anhand der Entwürfe verrissen. Der Kirche wurde empfohlen, sich an die bewährte gotische Baukunst zu halten, eine Empfehlung, der Höger im Innenraum der Kirche in sehr moderner Weise mit seinen kühnen Spitzbögen nachgekommen ist. Die kirchlichen Autoritäten bewiesen Mut und blieben bei Högers Plänen.

Wohnbauten der Nordstern-Versicherung am Fehrbelliner Platz/Ecke Sächsische Straße. 1935 feiert man Richtfest. Der Fehrbelliner Platz war noch bis Anfang der dreißiger Jahre größten-teils unbebaut und wurde als Kleingartengelände, für Tennisplätze, ab und zu für einen großen Wanderzirkus oder als Bolzplatz genutzt. Erst mit den Ideen der Nazi-Regierung zur architekto-nischen Umgestaltung der Reichshauptstadt kam es am Fehrbelliner Platz durch den Zweiten Weltkrieg hindurch zur Anlage großer Bürohäuser im Stil des Dritten Reiches. Nach 1945 wurden weitere Neubauten der Bundesversicherungsanstalt und des Westberliner Bausenators in Auftrag gegeben. Der bildhauerische Schmuck der Gebäude (zum Teil von Breker) wurde partiell entfernt. Das neue Gebäude des U-Bahnhofs in aggressivem Rot setzt bewußt einen Kontrapunkt zur gepflegten Dezenz der Fassaden.

Eine Malerkolonne markiert im Juli 1939 mit weißer Farbe den Fahrbahnrand der Straßen am Emser Platz in Wilmersdorf zur Einübung der kriegsbedingten Verdunkelung.

Im Bombenkrieg zerstörte Wohnhäuser in der Spichernstraße im Jahre 1944: Gegen Tausende einfliegender alliierter Bomber waren Flak und Abfangjäger machtlos. Im Hintergrund der Turm der Kirche am Hohenzollernplatz.

Kriegszerstörtes Geschäfts- und Wohnhaus am Roseneck, aufgenommen am 27. Januar 1944.

Trümmerlandschaft am Nürnberger Platz in Wilmersdorf 1956. Im Hintergrund rechts ist das Dachgeschoß des „Kaufhauses des Westens" zu sehen.

Entfernung von Kriegs-
relikten, hier: ein Pan-
zerturm.

In der Bayerischen Straße wird 1950 Trümmerschutt verladen und zur Ziegelmühle gebracht.
Nichts, was verwertbar ist, darf verloren gehen.

Das Elend der Nachkriegsjahre zeigt sich in den sogenannten „Nissenhütten" auf dem Frei-gelände am Bahnhof Hohenzollerndamm, die nach englischen Vorbildern für wohnungslose Bombenopfer und Flüchtlinge erbaut wurden.

Provisorische Ladenbauten der Nachkriegsjahre in der Joachim-Friedrich-Straße/Ecke Kur-fürstendamm in Halensee.

Im Wilmersdorfer Sportforum (Stadion am Lochowdamm) finden Anfang der fünfziger Jahre Planierungsarbeiten an der Böschung statt. Im Hintergrund rechts die Kuppel des Krematoriums Wilmersdorf, links davon der Turm der Kirche am Hohenzollernplatz.

Richtfest im wiederaufgebauten Geschäftshaus am Roseneck. Festredner: Oberbaurat Klotz. 1. Juli 1953.

Bau der Zufahrt zur Stadtautobahn am Bahnhof Hohenzollerndamm (rechts) im Jahre 1959. Im Hintergrund der Funkturm. Der rasche Anstieg der Motorisierung schon Ende der fünfziger Jahre ließ es zu katastrophalen Verkehrsverhältnissen im ganzen Stadtgebiet, aber auch in Wilmersdorf, kommen. Der Bundesplatz mit seinen Kreuzungen war ein Unfallschwerpunkt erster Ordnung. Die für Massenverkehr ganz ungeeigneten Wexstraße, Detmolder Straße und Rudolstädter Straße sollten als Durchgangsstraßen zur Avus dienen, waren aber täglich durch Staus blockiert. Eine Abhilfe wurde durch einen überbezirklich geplanten Autobahn-Stadtring geschaffen mit Anschluß an die Avus und später an die Autobahn nach Hamburg. Diesem Bauvorhaben mußten mehrere alte Brücken im Stadtviertel weichen, und ebenso die längs der Bahn angelegten Lager von Holz- und Baustoffirmen.

Richtfest für die Wilmersdorfer Schwimmhalle in der Mecklenburgischen/Ecke Detmolder Straße am 1. Dezember 1959.

Zu den ersten Hochhausbauten Berlins zählte das Haus am Roseneck der Architekten Sobotka und Müller von 1959. Im Vordergrund die Straßenbahn Nr. 51 mit Mitteleinstieg (zum Bahnhof Zoo).

Anfang der sechziger Jahre begann der Bau des Straßen- und U-Bahn-Tunnels am Bundesplatz. Damit einher ging eine vieljährige Lärm- und Leidenszeit für die geplagten Anwohner. Die Rücksichtslosigkeit der Baufirmen war geradezu legendär.

Am Fehrbelliner Platz wurde nach dem Ende des Krieges aus einem Bürobau der Deutschen Wehrmacht ein Zentrum der britischen Militärregierung, und daraus wiederum das Wilmersdorfer Rathaus. Rechts sieht man den Hohenzollerndamm; die Wartehalle links wurde für den Bau einer neuen U-Bahn-Linie abgerissen. In den zwanziger Jahren war der Fehrbelliner Platz ein eher vorstädtischer Platz ohne besondere Bedeutung am Rande der Millionenstadt Berlin. Nach Ende des Zweiten Weltkriegs und der Aufspaltung Berlins in West und Ost ließ sich jedoch ein bedeutender Teil der westlichen Stadtregierung in den vorhandenen Gebäuden nieder, die durch Anbauten ergänzt wurden. Hinzu kamen Neubauten der Versicherungsanstalt für Angestellte. Damit wurde der Platz zu einem herausragenden Mittelpunkt der Westberliner Verwaltung. Heute ist der Platz Kreuzungspunkt zweier U-Bahn-Linien und wird von mehreren Buslinien angesteuert. Für ein pulsierendes Leben abseits der Bürostunden sorgen die Veranstaltungen und Ausstellungen des Kunstamts Wilmersdorf/Kommunale Galerie sowie der allseits beliebte Wochenend-Flohmarkt, auf dem man manchen Fischzug tun kann, von Omas Bügeleisen bis zu Knittels „Via Mala", von fast echten alten Ausgrabungen der „GRABRÄUBER" bis zu Häkeldeckchen und plüschenen Bettschuhen. Zum Ausgleich verwöhnt uns das Kunstamt mit Modernem, von Koeppel über Erbe bis zu Mantovani und mit Lesungen Wilmersdorfer Texte, von Fechner bis zu Erich Kästner.

Die Heimat entdecken!

Von Kiel bis Wien, von Aachen bis Görlitz: Entdecken Sie Alltagsgeschichten aus Ihrer Heimatstadt!

Leben in der Großstadt ...

Tauchen Sie ein in das quirlige Großstadtleben vergangener Tage. Spazieren Sie über breite Boulevards und stürzen Sie sich ins Nachtleben. Erkunden Sie ihre Stadt durch die Fensterscheiben einer Straßenbahn oder des ersten Käfers und bewundern Sie prächtig geschmückte Schaufenster.

... und ländliche Idylle

Wie sah das Leben in Ihrer Heimat aus, als die Bauern noch mit Pferden pflügten und jedes Dorf seinen eigenen Schmied hatte, jeder noch jeden kannte und das Leben sich zwischen Kirche, Wirtshaus und Wohnküche abspielte?

Erinnerungen an die Schulzeit …

Erinnern Sie sich noch an die Zeiten von Abakus und Schiefertafel, an Klassenausflüge oder den ersten Taschenrechner? Blicken Sie zurück auf große Klassen und gestrenge Schulmeister, entdecken Sie auf Klassenfotos Freunde und Bekannte von früher!

... und das Arbeitsleben

Entdecken Sie, wie sich das Arbeitsleben in den letzten hundert Jahren verändert hat. Werfen Sie einen Blick in Fabrikhallen, blicken Sie Handwerksmeistern bei ihrer Arbeit über die Schulter und erinnern Sie sich an den Einkauf im Tante-Emma-Laden.

Gesellige Stunden im Verein …

Fußballclub und Schützenverein, Musikkapelle und Gesellenverein: Schauen Sie zurück auf Volksfeste und Turniere, Chorproben oder Prunksitzungen. Erinnern Sie sich an schöne Stunden und das gesellschaftliche Leben in Ihrer Heimat.

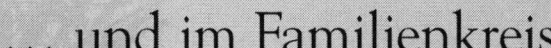

... und im Familienkreis

Werfen Sie einen Blick in die Wohnzimmer vergangener Tage und entdecken Sie, wie sich zwischen schweren Eichenmöbeln, Nierentischen und Ikea-Regalen der Alltag verändert hat. Erleben Sie Familienfeiern und Weihnachtsfeste im Wandel der Jahrzehnte mit.

Zeitfracht Medien GmbH
Ferdinand-Jühlke-Straße 7
99095 Erfurt, Deutschland
produktsicherheit@kolibri360.de

Druck:
CPI Druckdienstleistungen GmbH
im Auftrag der
Zeitfracht Medien GmbH
Ein Unternehmen der Zeitfracht - Gruppe
Ferdinand-Jühlke-Str. 7
99095 Erfurt